RE NA H-OID...
THE LENGTH OF...

RE NA H-OIDHCHE
THE LENGTH OF THE NIGHT

bàrdachd

CATRIONA NICGUMARAID

ro-ràdh le
Somhairle MacGill-Eain

CANONGATE PRESS

RE NA H-OIDHCHE
THE LENGTH OF THE NIGHT

poems

CATRIONA MONTGOMERY

introduction by
Sorley MacLean

CANONGATE PRESS

THIS BOOK WAS FIRST PUBLISHED
IN GREAT BRITAIN IN 1994 BY
CANONGATE PRESS 14 FREDERICK
STREET EDINBURGH EH2 2HD
DESIGNED BY
ALASDAIR GRAY
TYPESET BY
HEWER TEXT EDINBURGH
PRINTED, BOUND BY
BIDDLES LTD, GUILDFORD

These poems:—*Cearcall mun Ghealaich; A' Tilleadh Dhachiagh; Oidhche air Poll Ròdhag; Is Beag Orm a' Mhadainn; Sireadh; Gèalladh Gaoil; Cnuimheag na Mì-chinnt* and *Dàn* first appeared in *A Choille Chiar*, publisher Clo-Beag, 1974

These:—*Gealladh Gaoil; Is Beag Orm a' Mhadainn; Dàn (Bhàsaichinn); Obair-Ghrèis; Uaighean; Gun Stiùir; Ròdhag, 2000 AD; Eilidh; An Taigh Beag; Aoir; Gu Dòmhnallaich Aimeireagaidh; Urnaigh na Ban-Tigrich; An Carghas Seo; Làraich* and *Oran Gaoil* were in *An Aghaidh na Siorraidheachd (In the Face of Eternity)*, editor Christopher Whyte, Polygon, 1991.

DO MO MHATHAIR
TO MY MOTHER

CLAR-INNSE

CONTENTS

RO-RADH

CHA DIOCHUIMHNICH MI A' CHIAD ghreis an latha dh'iarr mi air Catriona NicGumaraid dàn air an tug i iomradh a leughadh dhomh air an fhón. Se *Cearcall mun Ghealach* a bh'ann, agus sgrìobh mi e air a' chiad phìos paipeir air an d'rug mi, 's mi 'g iarraidh oirre aithris dhèanamh air gach sreath dheth. Bha ìoghnadh mór agus sòlas orm le filleadh nan ìomhaighean anns an dà rann ochd-shreathach agus, as an déidh, anns an treas rann (deich-shreathach), agus leis cho annasach, ùr, do-sheachanta 's a bha an ritheam agus na comhardaidhean. Is seo, thuirt mi rium fhìn, fear dhe na dàin Ghàidhlig as tlachdmhoire a rinneadh ann an ciad bliadhna, agus rinn mi a' bharail sin follais gun dàil, agus chan eil i air caochladh.

Tha bith air leth aig trì as a h-uile ceithir dàin a rinn Catriona. Mu'n mhór-chuid dhiubh, b'urrain a ràdh nach e fear eile no téile ach Catriona a rinn iad, agus se pearsa air leth a tha an Catriona, agus tha a bàrdachd treibhdhireach, gun raspars leòmach, air tighinn beò a chionns gu feumadh i tighinn beò, agus uaireanan tha i drùidhteach agus éibhinn, cothlamadh nach eil idir cumanta.

Tha fhios gu bheil Loch Bhràcadail, le rubhachan àrda, le eileanan, agus le lùban air fear dhe na lochan-mara as bòidhche ann an Albainn, agus tha an sealladh bho Ròdhag, tarsainn fad is liad an locha chon a' Chuilithinn anns an àird a deas, a'ruigheachd air a' mhór-chuid dhen bhòidhche

INTRODUCTION

I VIVIDLY REMEMBER THE FIRST TIME I became really aware of Catriona Montgomery's poetry. She mentioned to me a poem of hers, *Circle about the Moon*, and I asked her to read it for me over the phone. I wrote it down eagerly, with delight and wonder at the involution of the imagery in the two octaves and then in the third, ten-lined, stanza, and at the novelty and inevitability of the rhythm and assonances. This, I said to myself, is one of the most arresting, genuine and attractive Gaelic poems of the century, and at the first opportunity I made my opinion of it known, and that opinion has not changed in the least.

Catriona Montgomery is a very definite personality, and her poetry has nearly always the imprint of that striking personality. If there is a complete antonym to factitious, it could be one of the words justly applied to her poetry, and so could the words unaffected, spontaneous, frank and genuine, the frankness sometimes coming near to the naive, for there is much poignancy as well as humour in her poetry. Her poetry is very serious, with not a trace of show off.

Loch Bracadale, with its high headlands, its islands and its many inlets, is surely one of the most beautiful of all Scottish sea lochs, and the view from Roag across the loch to the Cuillins in the south background takes in most of that beauty. Catriona's poetry is evocative of that beauty, but

11

sin. Chan eil ach failas beag dhen t-sealladh anns an dàn *Oidhche air Poll Ròdhag*, agus tha am failas sin fo sgleò trioblaid dhian an spioraid. Tha am failas nas soilleire anns an dàn *A' Tilleadh Dhachaigh*, ach tha buaireas inntinne annsan cuideachd. Tha *Sireadh* nas co-fhilltiche le trioblaid agus buaireas, a choltas sìmplidh air an uachdar, ach fodha sin tha spioraid co-fhillteach.

Tha an guth ùr air leth ann am bàrdachd Catriona, gu sònraichte anns an fheadhainn anns a bheil dian-theanntachd trioblaid ge b' e eile a tha annta, ach tha an guth ùr, air leth, cuideachd anns na dàin a tha éibhinn neònach no faisg air dì-moladh no aoir. Tha *Aoir* aice air aon dàn, ach chan e fìor aoir a tha ann idir; cha b'ann bu lugha orm dad e. Tha *Rodhag anns a' Bhliadhna 2000* 'na dheagh eiseamplair air an t-seòrsa dàin seo. Tha cianalas agus fearg mhùchte ann, agus tha e éibhinn cuideachd. Ann an *Obair-Ghréis* tha an aoir nas géire, ach tha ann, a bharrachd air sin, car seòlta dhe na h-ìomhaighean ris nach eil dùil aig neach sam-bith. Ann an *Howff* tha cothlamadh dhe na tha éibhinn agus duilich, agus tha grinneas agus caomhnadh bhriathran anns an dà rann dhe *Làraich*. Tha eadar-dhealachadh dian cumhachdadh an *Is Beag Orm a' Mhadainn* agus ìoghnadh ann *A' Meòrachadh*, agus pian goirt agus cha mhór eu-dòchas ann an *Urnaigh na Ban-Tigrich*. Tha *Gun Stiùir* 'na dhàn anns a bheil cumhachd mac-meanma. Tha e ag crìochnachadh le dà-shreath anns a bheil sgairt lom eagalach.

sparingly evocative in *A Night on Loch Roag*, where it is crossed with a troubled intensity of feeling. In *Returning Home* the evocation is more explicit but overlaid with passion. There is more variety in the complicated passionate poem *Searching*, in which a superficial simplicity belies a psychological complication.

The individuality and originality in Catriona's poetry is marked in many poems that have a troubled intensity but also in poems that are humorous and satirical, of which *Roag, 2000 AD* is a very fine example. It has a muted sorrow and anger and a muted humour as well. *Embroidery* is more sharply satirical and has a cunning and unexpected turn, the very reversal of the imagery. In *Howff* there is a most original blend of humour and pathos, while there is a neat economy in the satire of *Imprints*. *I Hate the Morning* has a powerful intensity in its contrasts, while *Meditation* has an intensity of wonder and *The Tigrean Woman's Prayer* an intensity of pain and something like despair.

Rudderless is a powerful poem with a tremendous concluding couplet, a bare fearful power. The poem *Satire* is angry and humorous, as near real satire as Catriona can go, but remarkable in its union of anger and humour. *This Lent* is in its own way a fine poem with its characteristic high-keyed dichotomy, so different from the blend of alienation and domesticity in *The Wee House*.

The *Song*: 'A family breaking up' has power,

Tha an dàn *Aoir* feargach éibhinn, cho faisg air fìor aoir 's a théid Catriona. Se deagh dhàn a tha an *An Carghas Seo* oir gheibhear ann an sgarachdainn dian a tha cho tric ann am bàrdachd Catriona. Chan eil an sgarachdainn seo idir coltach ris an dìobradh agus a' chomfhurtachd a tha anns an dàn *An Taigh Beag.*

Tha an *Dàn,* 'Teaghlach a' bristeadh,' cumhachdach ged a tha e air a mhilleadh le 'acraichean air am fuadachadh le gaoith.' Tha an *Dàn,* 'Bhàsaichinn, arsa mise gu grad', nas treasa le treibhdhireas rùiste, nach eil a' seachnadh a' chaochlaidh a thig air gach spiorad.

Tha Catriona NicGumaraid na bàrd treibhdhireach le blas na fìrinne air a cainnt; agus chan eil i an eisimeil bhàrd eile. Tha i leatha fhéin, gun àileadh seann sgoiltean no sgoiltean ùra, no teòirean no iasad dhe a dàin. Ann am móran dhiubh tha an cothlamadh annasach de dhian-theanntachd sòlais, gaoil agus bròin le caran éibhinn neònach; agus tha faileasan mìorbhuileach Loch Bhràcadail an dràsda 's a rithist a' nochdadh agus a' falbh.

Somhairle MacGill-Eain, Am Màrt 1991

though it is somewhat spoiled by the line 'my anchors scattered by storms.' The *Song*: 'I would die' has a strong contrast between the passion of the first stanza and the subdued reasonableness of the second. It has a bare sincerity that faces human emotional change.

Catriona Montgomery is a poet of integrity with the taste of truth on her language, and she owes nothing to other poets. She stands alone, without the smell of old schools or new schools, or theories or borrowings, from her poems. In many of them there is the novel blend of intensity of joy, love and sorrow with funny humorous turns; and with the reflections of the marvellous Loch Bracadale now and again appearing and going away.

Sorley MacLean, March 1991

CEARCALL MUN GHEALAICH

Bliadhna mhòr na stoirme
   chunnaic mi cearcall mun ghealaich
's dh'fhalbh na h-adagan eòrna
   'nan sruth sios chun a' chladaich,
is sheas sinn nar triùir ann
   (mi fhèin, mo phiuthar is m'athair)
a' faicinn obair ar làimhe
   na deann-ruith à sealladh.

Is chunnaic mi uair eile
   cearcall mun ghealaich—
aig deireadh samhraidh sgiamhach
   chaidh gaol às mo shealladh.
Bu riaslach an tìm ud
   gu 'n tàinig leigheas an earraich,
ach thàinig le tìde
   àm grianach gum aire.

Ach a-nis, aig deireadh samhraidh,
   chì mi cearcall mun ghealaich
is tusa a' falbh bhuam
   gu baile an Sasainn,
's mo chridhe cho sgaoilte
   na raon mòr fada farsaing
gun adagan ar gaoil ann
   fon d'fhuair mi fasgadh bha abaich
—'s ma dh'fhalbhas tu
   cha till grian bhrèagha an earraich.

CIRCLE ABOUT THE MOON

The year of the big storm
I saw a circle about the moon
and the stooks of barley streamed to the sea,
my father my sister and I stood
watching the work of our hands rush from sight.

At another time I saw a circle about the moon:
at the end of summer when love
                    disappeared from sight,
a restless season till the healing spring,
but with time I noticed the sun.

But now at the end of a summer
I see a circle about the moon
and you going from me
to an English city;
my heart is desolate,
a wide swept open field
without the stooks of our love,
their ripe shelter
—should you not return,
neither will the spring sun.

A' TILLEADH DHACHAIGH

Tillidh mi air Diardaoin gum eilean-sa,
gu eilean na grèine, gu eilean na gealaich,
's an Cuilthionn ruiteach,
         stobach sa chamhanaich.

An turas mu dheireadh bha thu còmhla rium
a' coimhead dannsa nan daoimean geala
      air Loch Bhràcadail,
is bha thu còmhla rium am Poll Losgainn
air latha glas earraich
      a' grunnachadh air cladach ciar-ghlas.

Tillidh mi air Diardaoin gum eilean-sa
's tha eagal orm nach tog an Cuilthionn
               mo spiorad-sa.
M'eudail iongantach,
    an tug thu bhuamsa m'eilean-sa
    on a shiubhail d'anam bhuam?

Is seòlaidh mi às a' bhaile sa gu goirt-fhàilte
    a' Chuilthinn
's do dhraoidheachd a' laighe air.

Ghoid, O ghoid thu m'eilean-sa,
eudail, eudail, eudail iongantaich.

18

RETURNING HOME

I will return on Thursday to my island,
to the island of sun and moon,
and the flushed jagged Cuillin in the dawn.

The last time we were together
watching the white diamond dance
                   of Loch Bracadale,
and you were with me in Pollusguinn
on a grey spring day paddling
on a grey dusky shore.

I will return on Thursday to my island
but I'm afraid the Cuillin will not lift my spirit.

My strange darling,
did you steal my island
when your soul travelled from me?

And I will leave this city
for the sore welcome of the Cuillin
with your bewitchment lying on it.

Yes, you stole my island,
my strange, strange darling.

EILIDH

Bha dùil a'm gum biodh tu agam
measg chreag is tiùrr' is ghlinn,
's gun ionnsaicheadh tu cainnt Dhiarmaid
gu siùbhlach bhuamsa fhìn—
chan ann an seo' san ear-bhaile,
far nach tuig mi cleas na cloinn';
ach a-nochd gur dlùth an dàimh, a chagair,
's tu torghan air a' chìch.

EARRACH 1980

(mar chuimhneachan air Jake)

Chan ann anns an dubhar
a bhios mo smaointinn ort,
ach a liuthad uair
nuair as motha bhios an gàir'
no nuair a chì mi
sòbhrach no craobh
a' fàs mu abhainn;
a' chiad earrach an dèidh do bhàis,
tha gach cuimhne ort cho milis;
's tu bhiodh uasal às mo nighinn fhìn,
's i
ceum
    air
      cheum
's i 'g ionnsachadh bruidhinn.

EILIDH

I thought that I would have you
midst rock, sea-wrack and glen
and that you would learn Diarmid's language
fluently from myself—
not here in this east coast city
where I don't understand the children's play;
but tonight the kinship is close
as you gurgle at the breast.

SPRING 1980
(*in memoriam, Jake*)

I do not think of you in the gloom, but many
times when the laughter is most hearty, or
when I see a primrose or a tree growing by a
river; the first spring after your death, each
single memory of you is joyous.
You would have been proud of my own
daughter.
step
    by
       *step**
and learning to speak.

* A translation of the title of a book produced by the late
John A. Macdonald ('Jake') for learners of Gaelic.

21

DAN UR DO FHLORAIDH NICNILL

Nuair a bhiodh an dìl' ann,
bu tric do shùil air an uinneig,
do chridhe a' plosgartaich daonnan
a' faicinn siabadh na mara,
a' chlach-mheallain gu dian ann—
b'e siud do chiad chuimhne air Barraigh.
Ach nuair a bhuaineadh tu sòbhrach
readh a pògadh 's a snòtach as t-earrach.
Nach snaidhte ri chèile
bròn is sòlas nar beatha?

Ach mura b'e an gailleann, a Fhlòraidh,
am faiceadh sinn sòbhrach rir maireann?
Ach gu cinnteach 's ann
          gu faiceallach a bu chòir dhuinn
bhith buain nam flùr meata nar beatha.

A NEW SONG
FOR FLORA MACNEIL

When there was deluge
your eye would often be at the window,
your heart palpitating
as you watched the raging sea,
the hailstones battering . . .
that was your first memory of Barra.
But when you picked a primrose
it would be sniffed and kissed in spring.
Are not joy and sorrow
strangely intertwined in our lives?

But were it not for the storm, Flora,
would we ever see a primrose?
Indeed, most carefully
should we pick life's delicate flowers.

OIDHCHE AIR POLL RODHAG

Bha an t-uisge cho rèidh ri ìm
    's a' gheòla mar sgithinn air
's Eilean Heàrlais gu dorcha lom
    mar fhuamhaire gun chron aige;
na rionnagan a' priobadh sìos
    gam shlugadh ann an spioradachd,
's mi 'g òl am buidheachas le taing
    's a' tuigsinn brìgh na bith-bhuantachd.

'S bochd nach b'urrainn dhomh bith-bhuan
    bhith 'n tàmh air na h-uisgeachan
's a h-uile gnè bhith sìmplidh, maoth
    's cho làn ri coimhead rionnagan;
's truagh gun d'fhairich mi an t-strì
    nì inntinn bhochd ri oileanachd
ri saoghal shanas-reic is bròin
    is ceòl tha staoin gun bhuidheachas.

. . . Ach chan e mo nàdur a bhith sèimh
    —cho sèimh ris na h-uisgeachan:
tha nàdur an-fhoiseileachd nam fheòil
    is feumaidh mise siubhal leis;
feumaidh mi dìreadh bruthach mòr
    air falbh bho mo rionnagan:
gu duilich dhol am measg an fhuaim
    —air falbh o dhìochuimhn' d'uisgeachan.

A NIGHT ON LOCH ROAG

The water was butter-smooth
and the boat a knife on it
and Harlosh Island dark and bare,
an unmenacing giant.
The stars winked down,
enveloping me in spirituality,
and I drank satisfaction gratefully,
fully understanding the meaning of eternity.

I wish I could live eternally
on your waters
and each thing so simple and innocent
and as full as looking at stars.
It's a pity I experienced the strife
of a poor mind educated
to a world of advertisements and sorrow
and shallow enervating music.

. . . But it is not my nature to be serene,
as serene as your waters—
there is a restless nature in my blood
and I am forced to follow it;
I am forced to climb a steep incline
away from the stars,
sadly to go amongst the noise,
away from your peaceful waters.

IS BEAG ORM A' MHADAINN

Is beag orm a' mhadainn
nuair a tha gach nì geal geur soilleir,
gun ghuth air na thachair a-raoir
fo phlangaid daoraich
nuair a bha an còmhradh gaolach milis gràdhach
    gus an tàinig an cadal.

Agus bhrist an tràth-latha
is dh'fhalbh do mhìlseachd,
           d'aighear 's do cheòl
's na àite dh'inns thu dhomh an fhìrinn,
fìrinn a tha cruaidh dòrainneach feòlmhor
    's a dh'fhàg mise gam bhàthadh le deòir.

I HATE THE MORNING

I hate the morning
when each single thing is clear, bitter and lucid,

with no word of what happened last night
under a blanket of drunkenness
when the conversation
was sweet, loving and understanding
    till sleep came.

Morning broke;
your sweetness, lightness and music evaporated;
instead you told me the truth,
the hard lustful harrowing facts
    that left me drowning in tears.

GU DOMHNALLAICH AIMEIREAGAIDH

Nach seall sibh air mo stàide,
gach mac is nighean màthar,
gach aon de dh'ainm uasal Chlann Dòmhnaill—
nach seall sibh ur ceann-feadhna,
e seang 's air cosg le caoilead,
is sibhse 'n sin cho cruinn 's a tha gròiseid.

Nach dearg a bha ur n-aodann
nuair chuala sibh mun lùchairt,
caisteal mòr àlainn Chlann Dòmhnaill
(gur tric a bha ur sinnsear
moiteil às a ghrinnead)
—an-diugh e 'm broinn a chèile 's e fàsail.

Mi 'm fiachan gu mo chluasan
is rùcail na mo chaolain
le acras; mo ghlùinean bleith a chèile an còmhnaidh;
gun tòin a chumas fhèileadh
air mo chnàmhan bochda, caola
nach cum crèapaillt mo stocainn an àirde.

Ur tòinean-se cho àlainn,
le saill iad cruinn is deàrrsach—
nach gabh sibh truas ri ceann-feadhna
                              Chlann Dòmhnaill;
is ged a tha sibh mìltean
bho far 'n d'àraicheadh ur sinnsear,
nach tog sibhse suas mo thaigh-còmhnaidh?

TO THE AMERICAN MACDONALDS

Consider my plight,
each one who bears the noble name of MacDonald—
each man and woman present,
look on your clan chief
emaciated and wasted with hunger
and you there as round as gooseberries.

Were your faces not red
when you heard about the stately home,
the big beautiful castle of Clan Donald
—often were your ancestors
proud of its magnificence—now desolate
and falling into rack and ruin.

I am in debt up to my ears.
My intestines rumble with hunger,
my knees grind each other incessantly.
I have no backside
to keep a kilt upon my poor thin bones;
no garter can keep up my stockings.

You have fine full buttocks,
rotund and shining with fat—
will you not take pity
on the chief of the Clan Donald?
and although you are miles from
where your ancestors were raised,
will you not salvage my stately home?

Ged a chuir mo shinnsear
lasair len cuid theintean
air taighean beaga bìodach ur càirdean,
's ged phunnd iad iad air bàta,
gan seòladh do na Stàitean,
nach cuir sibh làmh nur pòca, 'son càirdeis?

Nach tuig sibh mar a bha e—
bha m'athraichean cho càirdeil:
thuig iad staid ghràineil ur càirdean;
bha fios nan ruigeadh iad sàbhailt'
an tìr sa—an ceann ràithe—
gun dèanadh iad pìle de dh'òr ann.

Nach smaoinich sibh air na truaghain
a dh'fhan an tìr an dualchais,
iad sgrìobadh na tiùrr' airson bhàirneach;
iad a' faicinn chaorach bhàna
ag ionaltradh sna làraich
far am b'àbhaist iad fhèin a bhith comhnaidh.

Siuthadaibh, stobaibh làmh nur pòca,
is thoiribh na tha dh'òr aist'
is sìnibh e dhòmhsa, a chàirdean:
gun èirich ar cliù-ne
mar a bha e o thùs—
ainm uasal ceann-feadhna Chlann Dòmhnaill.

Although my ancestors made great fires
of your relatives' tiny homes
and although they pounded them on a boat
to ship them to the States,
will you not dip into your pockets
for the sake of kinship?

Don't you see how it was—
my ancestors were so kindly
they understood the sorry plight of your relations:
they knew that if they reached that land safely
they would make piles of gold.

Consider those poor creatures
who were left behind,
scraping the sea-wrack for barnacles,
watching the white sheep
feeding about the homesteads
where they used to live.

Go on now, stick your hand in your pocket
and pull out all your gold.
You hand it to me, friends,
our status will be enhanced as it was of old—
the noble name of the chief of Clan Donald.

DAN

Teaghlach a' bristeadh,
m'acraichean air am fuadachadh le gaoith,
dachaigh m'òige a' siubhal dhan mhunadh,
ceò tinneis is aois
        a' dùmhlachadh mo shunnd,
sgleò uaigneach a' snàgail air mo chridhe,
drisean a' geurachadh mo bhèil
is mo spiorad-sa a' tuiteam
dhan t-sloc dhubh ro uaigneach gheur.

M'anam-sa a' siubhal thugad,
a' leum nan slugaidhean 's nam beann;
m'anam-sa a' dèanamh tàimh riut,
a' lorg sìth am measg an stoirm;
m'anam-sa a' dèanamh gaol riut
is an saoghal a' bristeadh sìos.

M'anam-sa a' dèanamh tàimh riut,
a' lorg sìth am measg an stoirm.

SONG

A family breaking up,
my anchors scattered by storms,
my childhood home retreating to the
                                    horizon,
the mist of old age and sickness
                          darkening my joy,
a solitary vapour creeping over the heart,
the bitterness of thorns in my mouth
and my spirit falling
to the sharp lonely blackness of the pit.

My soul journeys towards you,
leaping over gulf and mountain;
my soul makes its home with you,
seeking peace amid the storm,
my soul makes love to you
as the world breaks down.

My soul makes its home with you,
seeking peace amid the storm.

A' FEITHEAMH RIS A' PHAP:
A' CHAISG, 1981

An seo,
    am meadhan an t-saoghail,
    am meadhan na Cruinne,
    an tùis ann am Basilica an Naoimh Peadar,
    mi smaoineachadh air abhainn bhig an Lòin—
    ri taobh gun d'las mi iomadh falaisg.
    *'A Rìgh 's a Pheadair 's a Phòil,
    an fhada an Ròimh'
    bho Hiort is I Chaluim Chille?'

*Tionndadh eile air faclan Mhuireadhaich Albannaich, am bàrd, is e air tilleadh às an Ròimh.

34

WAITING FOR THE POPE:
THE VATICAN, EASTER 1981

Here,
   in the centre of the world
      in the centre of the universe
the incense in St Peter's Basilica
   I think
      of
      the small river
      of
      the Lòn
beside which I often lit heather.
*'God, Peter, and Paul,
 is 'Rome far from'
     Hirta
   and Iona?'

*An adaptation of the verse by Muireadhach Albannach when he returned
from Rome (13th century).

35

SIREADH

Choisich mi mach
        air cladaichean ciar mo bheatha
's dh'amhairc mi air creagan mo shòlais . . .

Is an uair sin,
    dìreach mar sin,
        chunnaic mi puill mo dhòrainn
—tuinn mo nàduir, sios is suas,
    gu na rionnagan no chun na h-uaigh',

a' plapail dìreach tiotan bhuam
no sgrìobadh fad air falbh mu Eilean Heàrlais,
    null, thall bhuam, aig Eilean Heàrlais,

Is, an uair sin, gille-brìghde
    a' coiseachd gu speirgeach air an tràigh
    gun suim aig'
      —ochan, ochan,
        brìgh mo bhàrdachd,
        brìgh mo bhròin, m'uallach 's m'ochan.

SEARCHING

I walked out on the dusky shores of my life
and I viewed the rocks of my joy . . .

and then,
   just like that,
      I noticed the pools of my anguish
—the fluctuating waves of my character
rising and falling
   to the stars or to the grave,

palpitating a little distance from me
or stretching far away by Harlosh Island,
   far, far away by Harlosh Island,

and then an oyster-catcher
   arrogantly patrolling the beach
   without concern
   —my God
   for the essence of my poetry,
   my anguish and my sighing.

Ruigeadh m'anam mach gu Eilean Chanaigh
thar nan ulbhagan gun smaointinn,
a' flodadh suas mun an Taigh-Sholais
sìos seachad Meall a' Ghrìobaidh,
null an uair sin chun an Stob Iullan,
a' lorg m'anam is mi a' sireadh,
mi fhìn air chall le tachdadh amhaich
   —deòir neònach 'na mo bhroilleach
   nach tuit gu bràth
   gu Là na Cruinne,

strì, 's a' strì ri siubhal an Duine,
mi fhìn, mi fhìn 's mi dol à follais
   sìos, sìos chun a' ghrunna
's a togail cheann an dràsd' 's a-rithist . . .

   O Thì—mise! mise!
   Sgìth! sgìth! mise! mise!

   Dè 'n t-iongn',
      dè 'n t-iongn',
      ars an t-isean.

My soul would wander to the Isle of Canna
　　over the waves without concern,
　　floating up by the lighthouse,
　　over then to the Stob Iullan
searching for the soul
and seeking the self who is
　　lost with a choked heart,
strange tears which will never be shed,
striving and striving to follow the Self
myself, myself as I disappear
　　down, down to the dark depths,
my head bobbing up now and then . . .

　　My God, my God, I am exhausted,
　　I am exhausted.

No wonder,
　　no wonder,
　　　　sang the bird.

HOWFF

Nan cròileagan aig ceann a' bhàr,
làmh thar làimh a' togail phinnt,
an godail air tighinn gu drabasdachd.
'O, dùin do bheul, Iain Mhòir—
cuimhnich, tha boireannach sa chuideachd sa.'
Balgam cabhagach de lionn
's thionndaidh an còmhradh
                    gu iasgach chudaigean.

Nan cròileagan an Dùn Dèagh,
tom taobh tuim sa chladh cruinn,
tha na mairbh fo iubhair ribeagach,
ach fad' air falbh air an taobh a-muigh
tha saighdear bochd air adhlacadh
far nach dèan e air a' chuideachd cron,
oir bhàsaich e le cholera!

HOWFF

Huddling at the bar,
a fankle of hands raising pints,
the chatter having become bawdy.
'Oh, shut your mouth, big Jock—
remember there's a woman in the company!'
A quick slug of beer
and the topic returns to cuddy fishing.

Huddling in Dundee,
mound beside mound in the graveyard,
the dead sleep underneath ragged yew-trees,
but on the outside, far apart from the others,
a poor soldier is buried
where he will not harm the company
because he died of cholera!

AIR DHOMH FLUR A CHUR AIR
UAIGH A' PHRIONNSA:
AN ROIMH, 1980

Tha thu an seo, a Shuaithneis Bhàin,
is tu fo leacan fuaraidh* glaiste bhuam;
tha dà cheud bliadhna 's corr bhon a chaochail
     an t-adhbhar a lagaich sinn
ach ged nach robh unnad
     ach am meaban an iomadh dòigh,
le d'chuailean ruadh is d'fheusag bhan
     —bu shealladh thu!
'S truagh nach d'fhuair mi cothrom nan dòrn,
is dòcha an Cùl Lodair laighinn-sa;
mar sin, fàgaidh mi an fhlùrag ghorm
mar shuaithneas beag air do lic-sa 'n seo.
Is mise a' bhana-bhàrd bheag à Ròdhag
a thàinig sgrìob gad fhaicinn-sa.

*'leacan fuaraidh'—on bhàrdachd
An Suaithneas Bàn, le Uilleam Ros.

ON LAYING A FLOWER ON THE
PRINCE'S GRAVE:
ROME 1980

You are here, White Cockade,
locked from me beneath cold slabs*;
more than two centuries have passed
      since that Cause that weakened us died
and although you were but a slight man
                    in many ways
with your red locks and fair beard
      —a spectacle indeed!—
it's a pity I didn't get the chance
                for using my fists,
and perhaps I too would lie at Culloden.
So I leave this blue flower,
a small cockade on your tomb.
I am the small poet from Roag
who travelled a long way to see you here.

*'cold slabs'—from William Ross's poem
An Suaithneas Bàn ('The White Cockade').

43

BREAC-AILLEACHD
(bhon dàn *Pied Beauty*)

Glòraichear Dia airson gach nì tha breac,
    nèamhan ioma-dhathach mar a' bhò tha breac;
        'son spotan lainnireach air a' bhreac tha snàmh;
caith-chraobh dhuilleach-dhonn dhearg-bheò; sgiathan dhruid;
    an talamh geàrrte, fuaighte—achadh, treabhadh 's buain;
    is gach ceàrd—dubhan, long is brèid.

Gach nì ùr, dìomhair, neònach, gleusd';
    ge bith tha mealta, breacach, liath (cò aig' tha fios?),
        le astar, slaodach, deàlrach, milis, geur—
is Athair E and Tì sin tha àilleachd os cionn caochladh rè:
    mol E!

PIED BEAUTY
by Gerard Manley Hopkins

Glory be to God for dappled things—
* For skies of couple-colour as a brinded cow;*
* For rose-moles all in stipple upon trout that swim;*
Fresh-firecoal chestnut-falls; finches' wings;
* Landscape plotted and pierced— fold, fallow, and plough;*
* And all trades, their gear and tackle and trim.*

All things counter, original, spare, strange;
* Whatever is fickle, freckled (who knows how?)*
* With swift, slow; sweet, sour; adazzle, dim;*
He fathers-forth whose beauty is past change:
*   Praise him.*

GUN STIUIR

Uair 's am bruaillean na bu teotha,
chaidh mi iomrall anns a' cheothaidh,
m'uilebheistean ag èirigh na mo choinneamh,
a' dannsa mun cuairt an dannsa cathaich.
Ged a dh'fheuch mi sabaid riutha,
cha d'rinn mi 'n gnothach 'm mùchadh buileach.
Dhùisg mi às a' mhearain-chadail
's mi air mo chlaoidh 's mi grìseach prabach,
gun chreud, gun bhàt' a stiùirinn romham,
gun bhrèid ri chrathadh air a' mhunadh.
Thionndaidh mi a-bhos is tharam—
cha d'fhuair mi Dia no fiù 's Dia coimheach.

Ochoin, a Rìgh, 'n e sabaid fhalamh
a bhith sgrìobadh na fìrinn as an talamh?

RUDDERLESS

Once when the derangement was more oppressive
I went astray in the mist,
my demons rising up to meet me
writhing in mad savage dance.
Although I tried to struggle with them,
I did not manage to subdue them completely.

I woke from the delirium
exhausted, shivering and bleary-eyed,
without creed, without a boat that
                    I could steer before me,
without so much as a sail flapping on the horizon.

I turned this way and that
and did not find God or even a false God.

My God, is it an empty fight
to be eternally scraping truth out of the earth?

URNAIGH NA BAN-TIGRICH

Athair 's mo Dhia, dèan thus' ar dìon,
mi fhìn 's mo naoidhean beagan mhìos;
gur gann an t-uisg' 's gur gann an sìol—
sinn acrach, creuchdach, brùite, piant'.

Adhlaicte an-diugh mo luaidh,
's nach aithnich mise uaigh seach uaigh:
measg mhìltean 'n Tigre tha e 'na shuain—
coimhead thusa, Thighearna, oirnn le truas.

Sinn fannachadh le teas na grèin
nuair dh'èireas i an àird san speur;
sinn ga ar mealachadh le fuachd
meadhan-oidhch', 's ar sgeadachadh cho truagh.

An tig, a Thighearna, uisge trom
a bheir a-mach toradh bhon talamh lom?
Cum rium mo chreideamh annad fhèin,
na canar: 'An do thrèig thu mi, mo Dhia?'

Cheus riaghaltas eile Crìosd air crann,
's tha luchd-brèig gar biathadh 's sinn gu gann.
Dòirt nuas do mhathas caomh, a Dhè—
na leig le olc buannachadh gu lèir.

THE TIGREAN WOMAN'S PRAYER

O Lord my God, will you protect
me and my child of but a few months;
scarce is the water, scarce the grain—
we are hungry, bruised and pained with sores.

My beloved was buried today,
but I cannot tell one grave from the next,
as his resting place is with thousands from Tigre—
look on us, Lord, with pity.

We faint in the intense heat of the sun
as it rises in the cloudless sky
and at midnight in our rags
we are numbed with cold.

God, will the rains come soon
and bring forth crops from this arid land?
Maintain my faith in you, Lord,
let me not cry: 'Hast Thou forsaken me?'

Another government crucified Christ on the Cross
and we are fed by a similar regime.
Pour down your loving kindness, God—
do not let evil conquer completely.

AOIR

Chì mi thu a' cuartachadh nam bòrd,
"fèileadh preasach nam ball dlùth" mud ghlùin,
's tu bruidhinn ann an guth mòr sgairteil—
suaicheantas an oileanachaidh a fhuair thu
ann an colaisde nach tuig duin' eile a cliù ach thu;
is thàinig thu a chladhach do lòin
                              anns a' chlachan seo,
a lìonadh do bhrù gu daolagach
le duais nan creutairean bochda
a tha sgrìobadh am beòshlaint
às na feannagan-tàomaidh
a tha dìreadh eadar Pàirc
a' Chladaich is Heilgheabhal.
Is dòcha gun toir sin sìth dhad inntinn staoin—
tha na gocain bheaga gheura
fhathast a' biathadh na cuthaig mhòir fhaoin;
is saoilidh mi, nuair
a chì mi thu is d'itean
a' seasamh le pròis,
gun tàinig Ceit Mhòr Ruisia
bhon uaigh air chèilidh oirnn.

SATIRE

I see you go among the tables kilted,
shouting in your big arrogant voice,
the stamp of a college education
whose reputation is known only to yourself;
and you came to delve your fortune
                              in this village,
beetle-like to fill your belly
from the livelihood of poorer creatures
who scrape their living out of the lazy-beds
ascending from Pairc a' Chladaich
                    to MacLeod's Tables.
Maybe that will give your shallow mind peace—
the sharp-witted little titlarks
still feed the big stupid cuckoo;
as I see your feathers puff up with pride,
I am convinced that Muckle Kate of Russia
has paid us a visit from the grave.

AN TAIGH BEAG

An seo mar bu dual dhuinn,
taigh beag air na creagan,
ged as e panaichean plastaig bòidheach
tha 'n aite nam pigeachan 's nan sligean;
Monadh Ròdhag air ar cùlaibh,
far an iomadh uair a leighiseadh
greadanadh mo spioraid;
taighean Chornal is ceò ast'
geal, sìos mu mo choinneamh,
ach tha 'm beagan chloinne a th'unnta
gun ach Beurla ac' ga bruidhinn,
is cho fìor bheag dhith dha-rìribh
aig aon dhen dubh-sheanair;
'n ann a' greimeachadh ler meòirean
tha sinn air creagan tìm
sa cheart mhionaid?

Ach stad, cò tha seo 's e gluasad
suas chun na creige?
Dòmhnall Peigi le chù ann
's e tighinn air cèilidh
an-diugh oirnn.
Shin thu, sgioblaich an fhàrdaich,
cur fàd air an teine—
san taigh seo co-dhiù
bidh ar còmhradh mar bu mhinig.

THE WEE HOUSE

Here, as in the past
playing at wee houses on the rocks,
although you have smart plastic pans
instead of shells and pieces of plates;
Roag Moor behind us
where my spirit's wounds were often healed;
Cornal houses with smoke rising from them
white, down there in front of me,
but the few children who live in them
speak only English
when their great-great-grandfathers
had so little;
and are we clinging with tenacity
to the rock of time
at this very moment?

But wait, who is this I see
coming towards the rock?
It is Peggy's Donald with his dog
to visit us today.
There, tidy up the house,
put a peat on the fire.
In this house at least
our conversation will be as of old.

AN DA NIGHEAN

Dàn don Chol. Eoghan Ó Néill agus do
Gàidhealtachd na h-Alba is na h-Eireann

An dà nighean sìnte nan suain,
osagan fuara 'n ear-dheas
air togail an cuailein na chamaluban san iar-thiùrr.
Cluinnear fuaim clàrsaich 's pìoba
gu tiamhaidh tiotan bhuap',
an dà nighean le meòirean
a' sìneadh ri chèile
thar bheagan cuain,
an dà nighean chuimir àlainn,
tè donn lachdann, tè bàn-ruadh.

An tè dhonn bhon tug'dh am paidirean,
tha i busach riamh fo ghruaim;
an te bhàn, gur h-i dh'fhuiling cuideachd,
ach seinnidh ise dàn nas luaith'.
Le cion a' bhùntàt' 's saighdearan Shasann,
chaidh an ciùrradh gu lic na h-uaigh,
an dà nighean bhriste àlainn,
tè donn lachdann, tè bàn-ruadh.

Ach dè tha siud: tha e tighinn nas braise—
ceòl na pìoba cothrom, luath,
is cluinnidh mi a' tighinn nas fhaisge
pongan clàrsaich bhon iar-thuath,
an dà nighean luasganach nan cadal
a' brunndail 's an impis dùsgadh suas,
an dà nighean làidir àlainn,
tè donn lachdann, tè ban-ruadh.

54

THE TWO GIRLS

A song for Col. Eoghan Ó Néill and the
Gaidhealtachd of Scotland and Ireland

The two girls, stretched out, fast asleep;
                    cold south-east breezes
having lifted their hair in curls in the western sea-wrack.
The sound of the harp and pipes
                    heard plaintively in the distance,
the two girls with their fingers stretching
towards each other,
the two beautiful shapely girls;
one brown and sallow, the other reddish gold.

The brown-haired one whose rosary was taken
has been sullen ever since.
The fair one also suffered
but she'll sing a song more readily.
With lack of potatoes and English soldiers
they were pained to the brink of the grave.

The two beautiful broken girls,
one brown and sallow, the other reddish gold.

But what is this: it comes with more confidence—
the sound of the pipes, rhythmic, quick,
and I can hear the notes of the harp from the north-west,
the two girls restless in their sleep
mumbling and about to wake up,
the two strong beautiful girls,
one brown and sallow,
the other reddish gold.

GEALLADH GAOIL

Bha gealladh gaoil anns na duilleagan
dhan tug thu breab air an t-slighe
nuair a thill sinn ri chèile
   —'s bha do shùilean cho milis.

Ach nuair a bheir mi sùil thar mo ghualainn
gu geur tron an t-suirghe,
saoil an e rabhadh tiamhaidh
bha sa bhreab ud do m'chridhe?

FUACHD

Bhon dh'fhàisg 's a chiùrr thu m'chridhe
led nàdur làidir trom,
plaosg a th' unnam a-nise
gun smior no sùnnd na bhroinn;
mùchar dòchais mhaidne,
is fhada leam an oidhch',
mothachail air d'fhuar-àrdan
's sinn sìnte druim ri druim.

THE PROMISE OF LOVE

There was a promise of love
    in the leaves you kicked in your path
when we returned together and
       your conversation was seductive,

but when I look over my shoulder
    cynically through the courtship,
was there a plaintive warning
       in that kick to my heart?

COLD

Since you wrung and bruised my heart
with your heavy-handed nature,
I am a husk, devoid of joy or smeddum,
stifled morning's hope,
long for me the night,
aware of your cold rage
as we lie, back to back.

CNUIMHEAG NA MI-CHINNT

Tha an saoghal làn pian—
   neul dorcha gun mhire,
   na sràidean glas aonaranach
   gun fiù 's sòbhrach gam briseadh.

Mise a' coiseachd air bhioran mo bheatha.

Is stoc craoibhe
   air bàsachadh
   cnuaichdte,
na meanglain crùibte seargte mu bodhaig
a' toirt nam chuimhne
latha ri sìneadh ar bodhaigean suainte
   gun bhriseadh.

   Cnuimheag na mì-chinnt
   ag ithe don mhire . . .

   gur h-i thug a' bhrìgh às a' ghaol
   tha nar cridhe.

THE MAGGOT OF DOUBT

The world is full of pain,
    dark clouds without mirth,
    the streets grey and lonely,
    without so much as a primrose
            breaking their monotony.

I totter, gripping onto life.

The trunk of a tree,
    dead,
the branches twisted and withered around it
reminding me of a day we lay,
our bodies entwined without a break.

The maggot of doubt
eating into joy . . .

it took the sap out of the love
that is in our hearts.

AN CARGHAS SEO

An Carghas fada seo,
an Carghas doirbh seo,
buaireadh daonnan ga mo shiubhal—
ach an siud, am measg nan rionnag,
mar shamhla dòchais aonta soilleir,
a' ghealach shlàn a' brosnachadh mo spioraid.

Fon a' cheart aon ghealaich,
sa ghàrradh ud a' cumail faire
air a ghlùinean, Mac an Duine,
air leth bho chàch a' guidh' ri athair.

Cum faire, m'anam, rè na h-oidhche,
a' cumail faire fad na gealaich;
a Rìgh, cum aonta riutsa m'anam
—'s an Carghas seo cho eadar-dhealaicht' !

THIS LENT

This long Lent,
this difficult Lent,
temptation continually seeking me out—
but there amongst the stars
a symbol of unification, hope and light,
the full moon encouraging my spirit.

Under the self-same moon
in the garden, keeping watch
on his knees, the Son of Man,
apart from the rest, praying to His father.

Keep watch, my soul, throughout the night,
keeping watch the eternity of the moon;
King, keep my soul united with you
—and this Lent so different!

DAN

'Bhàsaichinn,' arsa mise gu grad
nuair dh'fhaighnich iad dhiom mo staid,
'nam fàgadh e mi air oidhche stoirmeach,
    's cha sguirinn a ghal—
is cha bhiodh stiùir air mo chiall
is cha bhiodh mo chridhe ach cas.'

'S ann mar sin a thachair,
    gus an do stèidhich mi mo reachd
    is chiùinich mi mo bhàt'
    is dh'acraich mi m' inntinn,
m' inntinn fhroiseach dhubh-acrach ghoirt,
    's cha do bhàsaich mi—

    O anaim bhochd!

SONG

'I would die,' I said abruptly
when they asked my state,
'should he leave me on a stormy night,
    I wouldn't stop crying—
my reason would have no rudder
and my heart would be in turmoil.'

That's what happened
    till I steadied my form
    and I calmed my boat
    and starved my mind,
my black hungry frothing mind,
    and I did not die—

        O wanton soul!

A' MEORACHADH

Ceòl nan clag air feasgar Nollaig
a' toirt cuireadh fad' is farsaing,
ach a-muigh tha dusan poileas
(pàighte)
a' cumail nan deòraidh bhon an doras;
an iad sin an corp aig Crìosd
seasgair, leòmach thar na starsaich?
Mi smaoineachadh air Iosa fhèin,
a bhodhaig briste air ar son-ne;
ach bho nach fhaic sinn spiorad Chrìosd
ann is dòcha 'an aon as lugha',
am faithnicheadh sinn an-diugh E fhèin
nan tigeadh E a-staigh an doras?

MEDITATION

The music of the bells on Christmas Eve
sending their invitation far and wide,
but outside (paid) are twelve policemen
keeping the tramps from the door;
are we the body of Christ
smug and respectable within the threshold?
I think of Jesus himself,
his body broken for us . . .
but since we don't see Christ's spirit
in perhaps 'the least of these',
would we recognise Himself
if he walked through the door?

AN CEUSADH

Air dealbh fhaicinn de 'An Ceusadh' le Mìcheal Angelo
—do mo mhàthair fhèin

Thusa 'n sin a' deuradh na fala,
mis' an seo a' sileadh nan deur . . .
a' mhàthair a' caoidh a cuid cloinne
a tha fhathast 'na cuideachd 's a dh'fhalbh.

UAIGHEAN

Mhothaich mi anns a' bhaile mhòr
gu bheil iad a' cur nam marbh
an leacan sguèadhra, cothrom, rèidh.
Cha do chur e iongnadh orm
gun d'thòisich iad air an fhasan san Ath Leathann;
chan fhada gus am bi Parks Department
an Dùn Bheagain,
's tilgidh fir Ròdhag dhiubh na spaidean;
cha bhi na h-uaighean tulgach tuilleadh rin cladhach—
freagarrach, 's dòcha, 's gu bheil ar beatha
dhen aon chumadh chothrom rèidh.

66

THE CRUCIFIXION
On seeing 'The Crucifixion' by Michelangelo
—for my own mother

You there dripping the blood,
I here pouring tears . . .
the mother lamenting her children
who are both in her company
and gone.

GRAVES

I noticed that in the city
they put their dead
in flat symmetrical graves.
I wasn't surprised to learn
that they've taken up that habit in Broadford.
Soon there will be a Parks Department
                              in Dunvegan
and the men of Roag can fling their spades away;
the bumpy graves will no longer be dug—
fitting, perhaps, since we share
the same flat symmetrical existence.

LARAICH

Ged dh'òrdaich Diùc Earra-Ghàidheal
gun chlach fhàgail an làrach
aon tobhta nuair a dh'fhàsaich e Muile,
tha làrach a chionta air fhàgail
anns gach feannag chaidh àiteach
's anns na craobhan sàmhach
         tha crathadh mu Dhubhaird;
's ged thilleas an Leòdach
gu Dùn Bheagain air fòrladh
a thogail a' mhàil a chosgas e 'n Lunnainn,
chan eil làrach a bhrògan
no ainm aig' air àird ann,
no cnocan no alltan no monadh.

IMPRINTS

Although the Duke of Argyll ordered
that not one stone be left in the imprint
of one ruin when he cleared Mull,
the imprint of his guilt is left
in each lazy-bed which was worked
and in the silent trees blowing about Duart;

and although MacLeod returns to
Dunvegan on holiday
to collect the rent he will spend in London,
neither has he left the imprint of his shoes
nor has he a name for any height,
any hillock, moor or stream there.

ORAN GAOIL

A bheil cuimhn' agad, a ghràidh ghil mo chridhe,
's mi torrach led leanabh nam bhroinn,
nuair a thog mi am flùr dhut air madainn
mar shuaicheantas dòchais is gaoil?

Chuir mi am flùr beag gorm ud air treidhe,
chuir mi do bhraiceast, a ghràidh, ri a thaobh—
rud nach d'rinn mi bhon uair sin no roimhe—
's bha thusa ri gàireachdaich leam.

Tionndaich riumsa, a ghràidhein, a-rithist,
tionndaich fhathast rium do thaic-sa 's do ghnùis—
ged as doirbh an treabhadh, a charaid,
nì sinn buain san fhoghar gun suim.

Am flùr beag suaicheanta laghach,
an do chrìon e buileach leat, saoil?
Ged as doirbh an treabhadh, a charaid,
an dèan sinn buain san fhoghar bhuidhe, chiùin?

Tionndaich riumsa, a Thòmais mo chridhe,
deagh athair mo dhà naoidhean cloinn';
tionndaich riumsa, a chèile mo chridhe,
tha flurag an dòchais fhathast maoth.

LOVE SONG

Do you remember, my white love,
when, pregnant with your child,
I picked that flower one morning,
a symbol of hope and love?

I put that small blue flower on a tray
and put your breakfast beside it—
something I didn't do before or since—
and you laughed along with me.

Turn to me, my dear, once more,
give me your support and love—
although the ploughing is difficult, my friend,
we will reap in the harvest without concern.

That small, emblematic sweet flower,
has it withered completely?
Although the ploughing is difficult, my friend,
will we reap in the yellow serene harvest?

Turn to me, Tommy, my darling,
the good father of my two children;
turn to me, my loving husband,
the flower of hope remains undefiled.

CURAIDHEACHD?

Dè chiall a th'aig do chainnt—
curaidheachd, gaisgeachd is eile?
Suidh sìos mionaid agus smaoinich:
saoil nach eil aineolas 'nan sailleadh?

Nis, thus' Iain Stiùbhairt
      ris an can iad an t-àrd-churaidh,
latha ann am blàr na Frainge
's tu crùbadh anns na truinnsean cumhang,
bragadaich ghunnaichean sa chiaradh,
bogadaich shellichean mud bhonaid,
cha d'rinn thu ach priobadh leis an iongnadh
's thuirt thu ann an guth gun chrith ann:
'Na bugairean Ghearmailteach ud—
tha iad coma ged a mharbhadh iad duine!'

HEROISM?

What means your talk:
heroism, courage and all that?
Sit down a minute and consider
whether these words are pickled
                                in ignorance.

Now Ian Stewart there
                that they called a great warrior,
in battle in France crouching
                in the narrow trenches,
guns crackling in the twilight,
shells plopping around his bonnet,
did nothing but blink with astonishment
and said with no tremor in his voice:
'Those German buggers couldn't care less
supposing they killed somebody!'

OBAIR-GHREIS

Sa chidsin san t-sàmhchair,
le meur ghleusd' tro shùil na snàthaid,
snàthdannan dathte 's pìos anairt 'na làimh,
Ceit ag ath-nuadhachadh samhraidh,
                        a mheasan 's a bhlàthan;
mus tig làrna-mhàireach bidh 'n tubhailt air dòigh.

Tha Seonaid bhiorach 'na suidhe,
sùil gheur air an uinneig
a' sgrùdadh an rathaid 'son drungair no dhà;
a' leantainn nan caileag le dannsa 'nan aire,
a' cunntais nan solas tha laiste gu dhà.

Aig ochd an ath mhadainn bidh Seònaid 'na cabhaig
a' deànamh air taighean, an obair-ghrèis aic' air dòigh:
cha b'ann 'na tàmh i san dorchadas
a-raoir no a' bhòn-raoir—
bha a snàthad gu biorach a' gròbadh nam breug.

Dè bha iad a' dèanamh
air an cois fad na h-oidhche?

EMBROIDERY

In the quiet kitchen,
skilled fingers pushing coloured thread
                          through needle's eye,
Kate, reviving summer, its fruits and blaze:
by tomorrow the tablecloth will be ready.

Nebby Janet sits at the window,
sharp eyes scrutinising the road for drunks;
watching the girls who go to the dance,
counting the lights that are lit till two.

At eight next morning
Janet makes quickly for the houses.
She got no rest last night,
her sharp needle in the dark
                          busily stitching lies.

What were they doing, up all last night?

O, dè bha thu smaointinn—bha iad ag òl,
's am peasan aig Mairead
aig dannsa an Caol Acainn;
cha tàinig i dhachaigh gu cairteal gu dhà.
Ach chan ann air dannsa no pinntean
a bhitheas an inntinn
nuair sheasas iad rùisgte aig Cathair nan Gràs.
Leugh mise mo Bhìoball
's air mo leabaidh gun do shìn mi
's tha mo chuinnseas cho soilleir
ri briseadh an là.

A' puthail 's a' peachail
fon da bhrùid mhòr cloiche,
Maois còir 's e gu crotach
teàrnadh bhon chnoc ud a-nuas . . .
bha deich àithntean gu leòr dha
's gun d'fhàg iad e sàraicht',
ach tha e coltach, a Sheònaid,
nach eil deich dhutsa gu leòr.

Oh, what do you think?
Drinking, of course!
And that brat of Margaret's
                    at a dance in Kyleakin . . .
she didn't come home till quarter to two.

But their minds won't be on dancing and pints
when they stand stark-naked
                    before the Throne of Grace.
I read my Bible before lying peacefully on my bed;
my conscience is as clear as dawn.

Puffing and peching under two brutes of stones,
poor Moses, hunchbacked, came down the hill . . .
ten commandments were enough for him,
indeed they wore him out;
it seems though, Janet,
                    that ten are not enough for *you*!

RODHAG, ANNS A' BHLIADHNA 2000
do dh'Angel

Nuair a bheir an fheannag
an t-sùil às a' chaora mu dheireadh,
bidh mi ri dìdearachd air d'uinneagan:
bidh iad an sin
a' cluich chairtean
's ag òl Beaujolais,
poodle a' dannsa mun casan;
bidh fhàileadh blàth a' bhainne
    air falbh às na bàthchannan,
's iad làn thruinnsearan fuar' cruaidh' *pottery*
airson an luchd-turais;
fuaim nam brògan tacaideach nan samhlaichean
a' coiseacdh air monadh;
na croitean uaine fàsail
gun bhristeadh spaide.

Nuair a bheir an fheannag
an t-sùil às a' chaora mu dheireadh,
bidh mi ri farchluais
air d'uinneagan,
ri d'osagan ag ochanaich,
's na guthan cruaidh Sasannach
a' dol an aghaidh na gaoith'.

78

ROAG, 2000 AD
for Angel

When the hoodie-crow takes the eye
                    out of the last sheep,

I will be peeping in at your windows—

they will be there,
playing cards
and drinking Beaujolais,
a poodle prancing about their feet;
the warm smell of the milk
will have left the byres,
and they'll be full of hard cold pottery
for the tourists;

the sound of tackety boots
ghosts walking on moors;
the crofts green and unproductive
without spade-breaking.

When the hoodie-crow takes the eye
                    out of the last sheep,
I will be eavesdropping at your windows,
listening to the breezes sighing
and the harsh English voices
                    clashing with the wind.

79